食之契约 三周年设定集

上海番糖网络科技有限公司 / 编著

湖南美术出版社
全国百佳图书出版单位

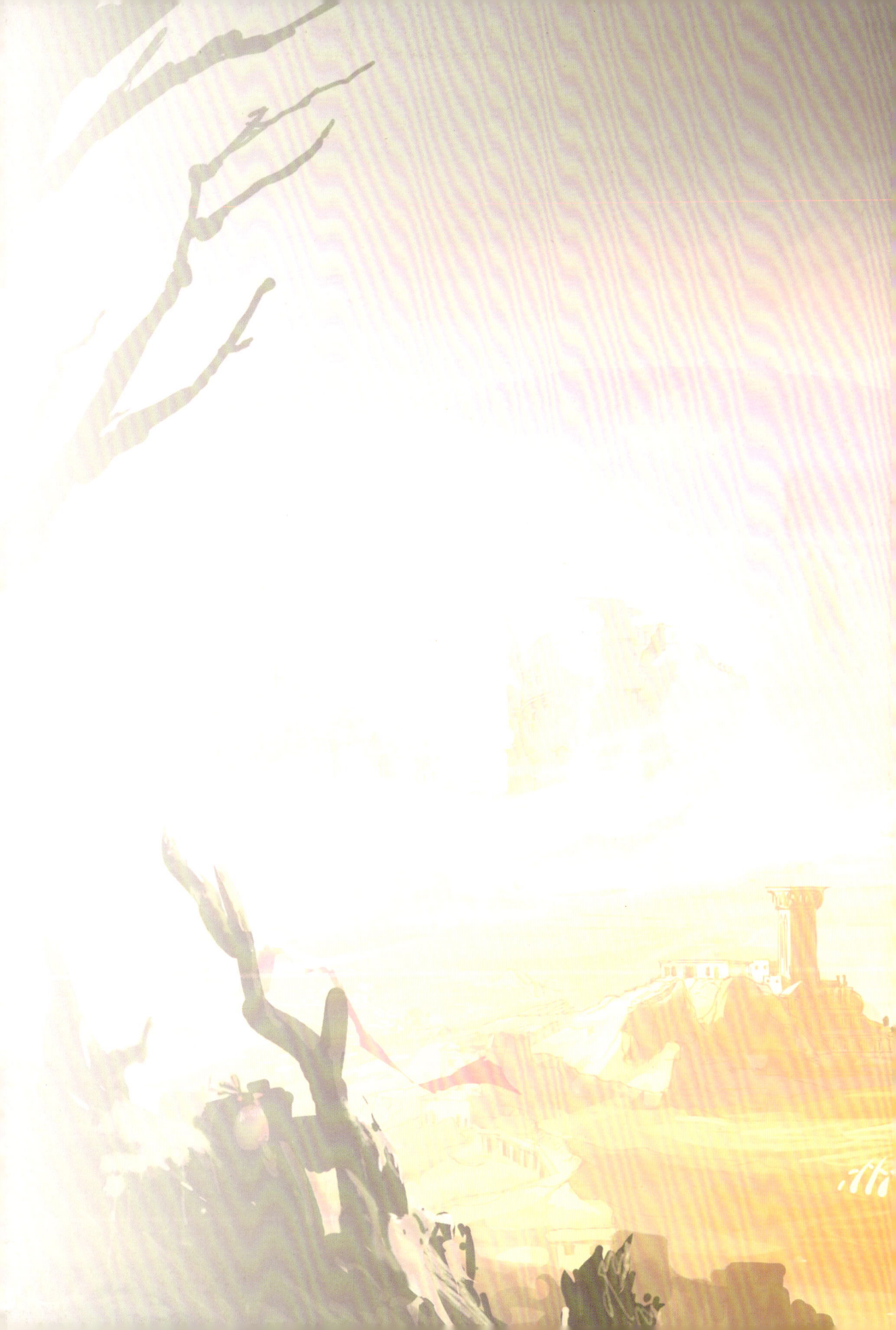

目　录
CONTENTS

主线篇

Storylines

梦回之时

在那场不愿回忆的噩梦之中，是谁握住了你的手？

踏上旅途

这家小小的餐厅，便是我们所有旅途的初始之地。

由飨灵组成的团体。目前成员有红酒、牛排、姜饼三人，他们以接受、执行任务换取报酬。

由于同时拥有两名团长，而他们之中的任何一个都无法说服对方，所以这个团体有了两个名字——迦南佣兵团和圣剑骑士团。

虽然两位团长看上去关系恶劣，但是他们三人总是形影不离。

我们的旅途，最初便是在他们的陪伴下开始的。

牛排

足以点亮所有黑暗的伙伴，他的温度就像是暴风雪中燃烧起的熊熊大火。他双剑所指的方向，前路皆为一片光明。

只是……他的莽撞总是让他在红酒那吃了不少亏。傻孩子，可长点心吧……

此身此心，与我手中双剑，
将永远忠诚于你！

类型： 菜品
发源地： 美国
诞生时期： 19 世纪
性格： 好战
身高： 181cm
简介： 经过烤炙的牛排，仅仅从色泽上看，就能给人带来滚烫的感觉，而牛排本身更是公认的力量源泉，因此被很多人喜爱。

红酒

在黑暗中默默守护于身侧的伙伴，优雅而沉稳，只要有他在，就会感到十分安心。

只是……和牛排在一起时，他总是会展现出幼稚的一面。

不用羡慕世界上的任何人，
他们有的，我都能给你。

类型： 饮料
发源地： 古波斯
诞生时期： 公元前 5000 年前
性格： 高傲
身高： 182cm
简介： 从最初的祭神用品，到后来逐渐成为人们喜爱的醇美甘露，红酒一直都能征服人们的味蕾，给人超出普通酒类的独特体验。因此，它身上被人们赋予了神性的内涵，并承载着历史继续前行。

姜饼

看上去娇小的她拥有足以守护所有人的强大力量，她眼中锐利的光芒可以扫清一切迷障。

不过……她经常对自己在佣兵团中一年三百六十五天要看七百多场决斗这件事感到无奈。

我发誓善待弱者。
我发誓阻挡一切罪恶。
我发誓帮助任何向我求助的人。
我发誓，对爱至死不渝。

类型： 甜品
发源地： 欧洲
诞生时期： 15—16 世纪
性格： 自我
身高： 156cm
简介： 姜饼的外表非常可爱，内里却包含着火热的灵魂。圣诞之夜，姜饼那美妙的口感与让人由内而外感到的温暖，抚慰着人们一年来饱经风雨的心灵。

米饭

这个可爱的女孩儿突然出现在我的生命之中，就像是这个残忍世界中的一道光芒。

她没有灵力，却总是想要帮上我的忙。而她的身上，仿佛藏着更大的秘密。

能和您在一起，是我一生中最大的荣幸！

类型： 主食

发源地： 中国

诞生时期： 公元前5000年前

性格： 乖巧

身高： 142cm

简介： 米饭在远古时代就被人类当成食粮，满足了人类通过饮食来延续生命的基本需求。时至今日，米饭已是人类极为重要的食物，全世界有近一半人口以它为主食。

B-52鸡尾酒

他就像我生命中忽然出现的奇迹，而他的过往如同他的出现一样神秘。而且，他的身上，总有一种我很熟悉的感觉……

不过他这么一副傻乎乎的样子，一定经常被人骗钱吧？

从此以后，你会一直和我在一起吗？

类型：饮料
发源地：不详
诞生时期：现代
性格：冷漠
身高：180cm
简介：B-52鸡尾酒之中不同色彩的酒类层次分明，看起来一板一眼如同机械一般。饮下它的瞬间感受到的是冰凉，但随之而来的火热却如同炸弹一样在喉咙中爆炸开来。

初入耀之洲

为了寻找那些难得的材料，我们出发前往耀之洲。
这是我们第一次踏上这片被神秘的天幕保护的土地。
路途中，我们遇到了遭袭的飨灵，并将他们送回了住所。
由此，我们认识了后来对我们帮助良多的竹烟典当行的众人。

忙碌间，米饭不慎遭遇了袭击。

那个人……到底是谁……

以典当行为名，却坐落在隐蔽的竹林之中，它的老板是一个儒雅、慵懒、看不出深浅的青年。

烟雾缭绕之间，这个竹林间的小院仿佛也染上了几分神秘的色彩。

北京烤鸭

类型：菜品

发源地：中国

诞生时期：19 世纪

性格：霸道、内敛

身高：180cm

简介：北京烤鸭有着数百年的历史，诞生于金陵（今南京），扬名于京城（今北京）。经过不断改良的烤鸭甚至成为一种饮食文化，品尝时需要完成一道道复杂的手工程序，这大大提高了饮食的乐趣。

烟云缭绕的竹林间，那人清雅的笑颜藏在单片眼镜之后。他以文字运筹帷幄，奏的是一曲《高山流水》。

只是这样雅致的人，手腕上却系着一只破旧而幼稚的小鸭发圈。

沉沦在这个充斥着黑暗的世间，终究，还是找到了这一隅安静的栖身之所。

竹烟典当行众人

鱼香肉丝

烧饼

竹筒饭

酸梅汤

冰糖葫芦

魔导学院

为了解决米饭身上的问题，我们前往了魔导学院。

在这里，我们遇到了以前的同伴，也认识了新朋友。

酒量极好的伏特加，就是我们旅途中的同伴。

最终，在伙伴们的帮助下，我们找到了也许可以解决米饭的问题的方法……

正在我们寻找前往樱之岛的方法时，骇人的一幕出现在我们的眼前……

类型：饮料

发源地：俄罗斯

诞生时期：15 世纪

性格：冷漠

身高：172cm

简介：来自冰雪极地的伏特加有着晶莹如水晶一样的外观，但这份美丽往往容易让人忽视其烈火一般的内在。这份内在总是给常人带来难以承受的冲击，却是极地斯拉夫人最热爱的珍宝。

回归寂静。

伏特加

神情冰冷的少女推开酒馆大门时仿佛裹挟着冰雪，那双瞳就像透明无瑕的冰，映着大家的身影。

不过红酒他们应该再也不会和她一起喝酒了吧？哈哈哈……

在惨痛真相的冲击之下，

蛇君向犬神伸出了利爪。

在风暴的影响下，我们被卷进了海浪之中。
再次醒来时，我们被鸟居私塾的人们所救。

在泣血的樱之岛中，有这么一群飨灵，他们为那些力量较弱的同伴们划出了极小的一片天地。
在这里，他们享受着来之不易的安宁。

秋刀鱼

沉默寡言的外表之下，是连小动物们都无法拒绝的温柔。不过……他到底是不是在发呆？这事真的很难说。

天气一直这么凉爽就好了。

类型：菜品

发源地：日本

诞生时期：不详

性格：文静

身高：180cm

简介：秋刀鱼的名字就能够体现出他与众不同的一面，给人一种天命不凡的感觉。而烤制秋刀鱼总是能吸引猫咪的驻足，这恰恰也成为秋刀鱼别具一格的特色。

鸟居私塾众人

铜锣烧

鲷鱼烧

樱饼

生鱼片

草莓大福

寿喜锅

折扇轻摇，嘴角的笑容似乎是玩世不恭，又像是掩藏了更多东西。他的笑颜之下，真心是哪般模样？

虽然是个老板，但从来没见他做过什么老板该做的事……

你在看什么呢？只需要看着我就可以了。

类型： 菜品
发源地： 日本
诞生时期： 现代
性格： 腹黑
身高： 180cm
简介： 寿喜锅的内容丰富多样，这也使它能够在任何地方都备受欢迎。沸腾的汤底散发着香醇的气息，让人还没动筷时就先从心里感到了满足。

红叶小馆众人

乌冬面

天妇罗

梅子茶泡饭

寿司

味噌汤

插画篇

Illustrations

Joker

APPY BIRTHDA

Happy Birthday
鯛

角色篇
Characters

耀之洲·湖边小筑

他为自己的过往所牵累，在迷茫中得到了龙凤烩的帮助，并被龙井收留，自此一片诚心只为弥补过往的罪责。

我会满足您的一切心愿。

界限突破·宴

SR

雄黄酒

类型： 饮料

发源地： 中国

诞生时期： 不详

性格： 儒雅

身高： 178cm

简介： 在端午节饮雄黄酒是中国人的传统习俗。雄黄酒不仅能驱虫、解五毒，还可治疗疮症、虫咬。不过雄黄本身有毒性，不可摄入过多。

外观·丹心蛇影

幽幽丹意，往事已随风而去。
如今，安炉于你身侧，一切皆为天意。

外观·共华年

回首过往，岁月年华，皆与你共度。

我处世之道，为君子者，万不可无功而受禄。

『温文尔雅』『君子之风』用来形容他是再合适不过的了。残酷的过往并没有让他变得冷漠，他的温柔就如同六月的拂柳微风。

SR

子推馍

类型： 主食

发源地： 中国

诞生时期： 公元前600年前

性格： 淡泊

身高： 173cm

简介： 子推馍又称“老馍馍”，是山西、陕西的清明节传统美食。一个子推馍重约一斤，制作时需要使用多种工具精雕细琢，使其外形美观且富有文化含义。子推馍为纪念春秋时晋国名士介子推而得名，后来渐渐与清明、寒食两节融合，食用子推馍便成为节日习俗。

外观·东篱约

暗香盈袖，知是故人携酒来。
许久未见，你可安好？

你的国，你的家，你的一切，都由我来保护。

大大咧咧的爽朗青年，总是让西湖龙井头疼的同伴，但只要有他在，便不会再有危险。

龙凤烩

类型： 汤品

发源地： 中国

诞生时期： 不详

性格： 豪放

身高： 188cm

简介： 龙凤烩，别名“霸王别姬”。相传，西楚霸王项羽曾为虞姬设“龙凤宴”，宴上珍馐美馔汇尽天下鲜，龙凤烩便是其中的主角。

外观·踏雪寻梅

嘿，你看，这个颜色正好衬你！喜欢吗？

若是为你，出手也未尝不可。

他是所有人心目中的龙神，虽寡言少语，但好像只要有他在，便没有做不到的事情。

UR

西湖龙井

类型：饮料

发源地：中国

诞生时期：约 10 世纪

性格：悲悯众生

身高：185cm

简介：西湖龙井属于绿茶，是中国传统名茶，以“色绿、香郁、味甘、形美”这“四绝”著称于世。它有悠长的历史，在北宋时期，杭州西湖一带的龙井茶区就已初步形成规模。

外观 · 香满溢楼

俗世浮尘，不过是虚无，一切终将归于他人茶余饭后的谈笑。

礼仪法度，你应当一日三省。

被西湖龙井救回后，她便在小筑定居。她弹得一手好琴，还意外地擅长女红。

UR

龙须酥

类型：甜品

发源地：中国

诞生时期：约 2000 年前

性格：自傲

身高：167cm

简介：制作龙须酥须从麦芽糖中抽出上千条糖丝，需要极为精巧的手艺，因此，龙须酥在古代一直是皇宫内才能品尝到的甜品。流入民间后，它便凭着自身独特的味道与口感得到普及。

我还依稀记得那个鲜衣怒马的翩翩少年郎，怎料再见时，他已变成了耄耋老翁，而我，却依旧还是这般模样啊……

隐居于湖边小筑附近山涧的药神，性情温和，喜欢与他人逗乐。世间试图以利刃磨炼他，他对这世间却仍然以温柔相待。

界限突破·宴

UR

武夷大红袍

类型： 饮料

发源地： 中国

诞生时期： 不详

性格： 悠然自得

身高： 179cm

简介： 武夷大红袍，是中国茶叶中的奇葩，素有“茶中状元”之美誉，乃“岩茶之王”，堪称国宝。产于福建省武夷山，以精湛的工艺特制而成，成品茶香气浓郁，滋味醇厚，有明显的“岩韵”特征，饮后唇齿留香。

奈芙拉斯特·迷失乐园

有工夫烦恼，还不如先填饱肚子，对吧！

香甜可口的小点心一般的女孩儿，俏皮、活泼，有着所有属于女孩儿的美好特质。她并不是不知道自己沉痛的过去，只是，如果她的单纯可以守住那两个家伙的心，让他们不被黑暗吞噬，那么她愿意永远保持这种傻乎乎的单纯。

界限突破·宴

奶酪

类型：菜品

发源地：不详

诞生时期：不详

性格：活泼

身高：157cm

简介：奶酪在世界各地有不同的起源，发展至今，各国做法也不尽相同。不论是搭配饼干，还是冬季里温暖的奶酪火锅，抑或是奶酪蛋糕、奶酪荷包蛋，都证明了它一直是人们不可或缺的食物。

外观·弄丢的玫瑰

居然又把我弄丢了，还让我待在这种地方……

才不想见他呢……唔，快点找到我啊，笨蛋……

真正富有魅力的人，总有人会被他所吸引并为之行动起来，所以，我只要一直站在旁边看着就好了。

在玩世不恭的笑容之下，被当作勋章的伤痕因双蛇的毒素而隐隐作痛。只要有那束光芒，他就能走出黑暗。至少，他是这么想的。

SR

卡萨塔

类型： 甜品

发源地： 意大利

诞生时期： 10 世纪

性格： 轻佻

身高： 184cm

简介： 卡萨塔由海绵蛋糕、利口酒、蜜饯等原料，裹上杏仁蛋白膏的冰霜外壳，再点缀蜜渍水果而成，总体以绿色与白色为基调。其味道可以说是甜蜜到灵魂也随之颤抖的地步。西西里岛被外族占领时，当地的烹饪方式发生了改变，而卡萨塔作为当时的产物，成为众多流传千古的美食之一。

外观 · 等待的狐狸

假如你遇到了那位小王子，记得让他来带我走吧。

我将和你一起欢笑着度过之后的所有时间。
一想到这个，就足够我高兴一辈子了呀！

笑容是驱散阴霾的最好方式。如果他在经历了世间的黑暗后，仍能对这一切报以灿烂的笑容，那他也将收获来自世界的善意。他是光芒，也是希望。

UR

比萨

类型： 速食

发源地： 古罗马

诞生时期： 3 世纪

性格： 热情

身高： 175cm

简介： 比萨，古罗马时期便被历史记录下来的美食，直到 16 世纪后才拥有了现代人所熟知的模样，开始在民间受到欢迎。19 世纪，专门的比萨餐馆出现，吸引着世界各地的游客前往品尝。

随《飨：食之契约三周年设定集》赠送

外观·引灵人偶

如果那些所谓的真相只会伤害到你，
那我宁可你……什么都不知道……

奈芙拉斯特·时间罪歌

这世界，没有与你同等价值的存在。

这世间黑暗是早已明晓之事，纵使身陷罪恶的泥沼之中，我也绝不放手。

UR

威士忌

类型： 饮料

发源地： 英国

诞生时期： 15—16 世纪

性格： 诡谲

身高： 182cm

简介： 威士忌的具体起源尚存争议，但共识是威士忌来源于“生命之水”，早期作为驱寒的药物或是治疗中的镇痛剂而存在。“生命之水”最初的原料已不可考，而威士忌凭借其麦芽的醇香获得了全世界的喜爱。

外观·妄论学者

为什么不过来？
是在害怕什么吗？
还是在责备我呢？
呵呵……
那么，请你务必警惕。
因为——我想要的是你。

当时钟敲响四下时，世上的一切瞬间为茶而停。

双生蝶，双生花，红蝶旋舞之间，为下午茶奏响的，又是怎样的舞曲？

UR

水果挞

类型：甜品

发源地：不详

诞生时期：不详

性格：高傲，捉摸不定

身高：170cm

简介：水果挞最大的魅力在于其永远可以拥有当季水果的香甜和诱惑力。随心所欲的百变搭配，让你永远猜不到下一口的滋味，也给予水果挞永远的风光华丽和捉摸不定的神秘魅力。

一起成为共犯吧。

莉莉娅……

界限突破·宴

UR

梳芙厘

类型：甜品

发源地：法国

诞生时期：18 世纪

性格：双重人格

身高：180cm

简介：质感蓬松的梳芙厘虽然做法简单，却是最考验厨师功力的甜点之一。就像追求骄奢的贵族，在膨胀华丽的表面之下是虚无的内里，不需要任何外力，就随时可能坍塌。

奈芙拉斯特·帝国联邦

你的眼睛里是不是有星星？

女孩子们是这个世界上最可爱的宝物，但是他守护的，是更加重要的宝物。
如果他没有那么热衷于搞恶作剧的话，也许他的小殿下会更高兴一些。

界限突破·宴

SR

蛋奶酒

类型： 饮料

发源地： 英国

诞生时期： 17 世纪

性格： 温柔

身高： 175cm

简介： 蛋奶酒曾经是中上阶层才能享用的饮品，后来逐渐成为普罗大众的节日饮品。在蛋奶酒的流传过程中，也有人尝试用不同的酒来冲调，使其变得更加美味，蛋奶酒也因此获得了不少女性的欢心。

外观·梦影迷境

『这里到底是梦境，还是现实？』
『这很重要吗？我在你身边不就够了吗？』

如果可以，我也想许一个愿望。
我想让这一刻停留得久一点，再久一点。

她是温柔对待世界的神子，也是神明最宠爱的孩子，为了更多人的幸福，她愿意走上未知的前路。

只是不知为何，脾气很好的她总是会被某个君王气得跳脚……

界限突破·宴

SR

翻糖蛋糕

类型：甜品

发源地：英国

诞生时期：18 世纪

性格：温柔

身高：161cm

简介：翻糖蛋糕是人们经常为庆祝活动准备的美食，除了丰富的口感之外，最重要的是它多姿多彩、赏心悦目的造型。不管什么时候看到它，人们的心情总会好起来。

外观·灯影梦愿

我可以为你实现三个愿望。不过，不可以耍赖！

这可是无上的荣光！你就心怀感激地接受吧！

他是王者，是守护所有人的王者。虽然还不够成熟，但无论多么艰难的前路，他都会毅然走下去，更何况，他早已不是一个人在面对这一切。

既然他已经在这么努力地成长了，那就不要告诉他『飨灵即使喝牛奶也没办法长高』吧。

UR

火鸡

类型：菜品

发源地：北美

诞生时期：不详

性格：傲娇

身高：155cm

简介：烹饪之后能够变得美味十足的火鸡，在人们心中也一直是感恩的象征，这样的文化符号至今已传承了近两百年，并形成了在特定节日吃火鸡的传统。

外观·仙境迷踪

要遵守时间啊！
不然就赶不上大家的茶会啦！

他天生就该立于王座，胜利以他为名。他的枪所指之处，便是他的国土。

不过，也许他并不太擅长和女孩子相处吧……

欢呼吧，我会为你带来胜利。

界限突破·宴

UR

香槟

类型：饮料

发源地：法国

诞生时期：不详

性格：高傲

身高：188cm

简介：香槟一度是欧洲贵族们最爱的饮料，它的流行使当时的葡萄酒业蓬勃发展。在这之后，香槟流传海外，声名鹊起，成为一种时尚，也成为节日庆典或聚餐中不可或缺的饮品。

外观·真实之眼

我将洞察于世界之巅，揭晓一切黑暗。

格瑞洛·荷鲁斯之眼

飨灵独立执法机构『荷鲁斯之眼』的见习部员，她的来历十分神秘，性格如同孩童一般单纯、天真、友善。不过，每当见到火焰，她都会做出一些失控的举动。

锵锵——甜甜的棉花糖来了！

界限突破·宴

SR

棉花糖

类型：甜品

发源地：法国

诞生时期：19 世纪

性格：纯真

身高：155cm

简介：棉花糖最初的原料来自于药蜀葵。古埃及人把药蜀葵的汁液制成治疗咽喉病的喉糖，后来法国人则将其改制成甜蜜的棉花糖。如今的棉花糖不再以药蜀葵为原料，却同样绵软可口，深受孩子们喜爱。

外观·恋恋糖心

柔软的我，也有一颗坚定的心。

我为了成为人间的卫士而来，
愿能与你一同守望光明。

『荷鲁斯之眼』的裁决官，外表亲和，但内心崇尚法理至上的准则，以至于有些不近人情。目前正在跟随萨赫蛋糕执行任务，是一个努力成长的少年。

SR

法棍面包

类型：主食

发源地：法国

诞生时期：18 世纪

性格：法理至上

身高：170cm

简介：法棍面包是法式面包的代表，它在法国大革命期间因平均分配面包的需求而产生。法棍面包的表皮松脆，内里坚韧有劲，而它的制作配方很简单，只需面粉、水、盐和酵母这四种基本原料，通常不加糖，不加乳粉，也几乎不加油。它的出现打破了阶级之间的横沟，让所有人都能吃到同等美味的面包。

外观·宝石之海

看，杯中有闪动流光的大海。
和我一起远航，找回失落的宝藏吧。

我欣赏这么一种人：不一定要有多么强大的力量，但就算身在黑暗中，心里也牢牢记着光明的样子，并始终追寻光明。

『荷鲁斯之眼』的队长，有强大而细腻的内心，是全队成员进行执法行动的核心向导。

界限突破·宴

SR

萨赫蛋糕

类型： 甜品

发源地： 奥地利

诞生时期： 1832 年

性格： 认真、谦和

身高： 179cm

简介： 萨赫蛋糕（Sachertorte）是维也纳萨赫酒店的招牌巧克力蛋糕，由两层甜巧克力夹着中间的杏子酱构成，蛋糕上面有巧克力片。它是奥地利的国宝级点心，以无防腐剂却易于保鲜而闻名于世，其配方至今保密。

外观·迷人等候

等待是一件迷人的事，想让花期和你，都如约而至。

亡灵节的祭坛一定要用心布置，才能让亡灵开心地回家！

亲切可爱的迎灵师少女，因为工作性质而对外保持着含蓄内敛的形象，没有外人时就会表露出活泼的本性。她的涅槃殡仪馆正是『荷鲁斯之眼』在米德加尔的根据地。

SR

亡灵面包

类型： 主食

发源地： 墨西哥

诞生时期： 不详

性格： 平易近人

身高： 160cm

简介： 亡灵面包是墨西哥亡灵节的专属食物，是一种加了龙舌兰酒的甜面包，有着骷髅造型，表面撒上大量糖粉，吃起来会有淡淡的柑橘果香，风味独特。墨西哥人对于死亡保持乐观的态度，认为骷髅也意味着生命的起源。每逢亡灵节，墨西哥人会载歌载舞，尽情举行各种游行派对，摆设各种各样的祭台，用欢庆来展现对生命的热爱，以深情来纪念逝去的朋友和家人。

『荷鲁斯之眼』的卧底探员，表面身份是一名旅居在米德加尔的贵族少女。她的做事准则是追求完美。看似高傲，实际上聪明又正义。

如果不能做到完美，那还不如不做。

芭菲

类型： 甜品

发源地： 法国

诞生时期： 19 世纪

性格： 高傲、完美主义

身高： 168cm

简介： “芭菲”是法语“Parfait”的音译，意为完美，它指的是用奶油和水果为主料制成的冰淇淋水果冻。芭菲用料广泛，没有固定的配方，甜品师往往发挥自己的创意，用冰淇淋、水果、奶油、巧克力酱、坚果等进行搭配，装在精致的高级玻璃杯中。每一杯芭菲都是甜品师打造的冲击颜值和味蕾的完美艺术品。

死亡，是新生的开始……

神秘的女性飨灵，一位喜欢和往生者相处的葬仪师，平时神出鬼没，但在『荷鲁斯之眼』的成员遇到困难时，她就会成为强大的助力。

界限突破·宴

UR

三炙鸟

类型：菜品

发源地：美国

诞生时期：约 18 世纪

性格：神秘

身高：172cm

简介：三炙鸟（Turducken）是美国著名的本土美食，做法十分独特：往一只鸭子的肚子里塞入一只鸡，再将这只鸭子塞入一只火鸡的肚子，加入调配好的香料，将火鸡的肚子缝起来，送进烤炉炙烤。其名“三炙鸟”便是因此而得的。三炙鸟是感恩节里不可或缺的美味，因为能同时散发三种肉食的香味而被人们喜爱。

外观·不死之焰

以涅槃为梦，向死而生。

樱之岛·战之味拉面店

如果这座山无法被翻越，把它夷平不就行了？

战争过后，他寻找了很久，才终于找到了想要停留的地方。这时候他才发现，他所求的，不过是一壶酒，与一个安身之所。

界限突破·宴

SR

鳗鱼饭

类型： 主食

发源地： 日本

诞生时期： 约 17—19 世纪

性格： 爽朗

身高： 186cm

简介： 鳗鱼饭是将蒲烧鳗鱼放于米饭之上，或伴以七味粉来调味的一种日本料理。江户时代以后，由于人工养殖的兴起，鳗鱼的价格逐渐降低，到了今天，鳗鱼饭已是随处可见的美食。

避世隐居不代表忍气吞声，被所有人尊称一声『大姐头』的她，所追寻的也不过是岁月静好的安定生活。

可不能太依赖暴力这种东西啊……

界限突破·宴

豚骨拉面

类型： 主食

发源地： 日本

诞生时期： 20世纪

性格： 沉稳仗义

身高： 164cm

简介： “豚”在汉语和日语里都是“猪”的意思。用猪大骨和多种蔬菜熬制的汤头是一碗豚骨拉面的灵魂所在，它拥有浓稠的骨胶原蛋白，扑鼻而来的浓香总是诱人口水直流。由中国传入日本并经历了本地改造后，豚骨拉面如今已经成为日式拉面的代表，据说其最正宗的制作方法至今仍是保密的，只有在日本才能真正品尝到地道的豚骨拉面。

樱之岛·皇室

世人所经历之事皆可以成为传奇。

我现在经历的一切，也总有一天会成为故事吧？

界限突破·宴

SR

柏饼

类型： 甜品

发源地： 日本

诞生时期： 17—19 世纪

性格： 理想主义

身高： 165cm

简介： 柏饼诞生于日本的江户时代。柏叶在日本自古便是用来盛放供品的神圣植物，同时也有子孙满堂的象征义。人们用柏叶包裹年糕制作而成的柏饼，是五月初五的特色食物，食之，除了可驱邪外，也有祝福孩童健康成长的寓意。

外观·美好祝愿

就算只有一点点也好，我希望能给我憧憬的那个人带去更多的幸运。

机会不是随时都有，所以自己创造的机会，决不能放过。

在商言商，非人却比真人更似人。游走于世间，以做生意为乐。

界限突破·宴

UR

松茸土瓶蒸

类型： 汤品

发源地： 日本

诞生时期： 不详

性格： 喜欢附庸风雅

身高： 180cm

简介： 千百年来，松茸始终是人们竞相寻求的名贵食材。土瓶蒸并非松茸的传统烹饪方式，但松茸却成为土瓶蒸的灵魂，提及土瓶蒸，人们必然会想到鲜美的松茸。

外观·永远的蜜月

情人节这个日子，愿我的思念能随着巧克力一起传递给你，御侍。
我愿长伴您身边……愿常见您的笑容。

吾乃侍奉神明的皇家巫女。

她贵为公主之身，被人们奉为巫女。少女翘首以盼的，便是那商人从外面带来的一副小小花札。

界限突破·宴

御节料理

类型：主食

发源地：日本

诞生时期：不详

性格：傲娇

身高：157cm

简介：自古以来，人们为了呼唤神明设立了许多节庆，御节料理便是为了这类节日庆典而制作的膳食。如今，新年庆典尚有制作、食用御节料理的风俗，因此它也被称为正月料理。

只要有我在身边，您就不会遭受厄运。

以我身度你灾厄。

界限突破·宴

UR

菱饼

类型：甜品

发源地：日本

诞生时期：不详

性格：天真烂漫

身高：152cm

简介：菱饼是日本女儿节的传统节庆食物之一，绿、白、红三种颜色分别寓意着健康活力、清净纯洁、消除灾厄，蕴含着对孩子的期许与祝福。

帕拉塔·肇始

征服敌人才能终结战祸。

乌鸦面具挡住了所有的表情，他从容地游走于权贵之间，将人类玩弄于股掌之间。他想要的，真的只是那些权势吗？

但是明明摘下面具也无所谓的，他是不是……很『中二』？

界限突破·宴

SR

青咖喱

类型：菜品

发源地：泰国

诞生时期：不详

性格：腹黑

身高：180cm

简介：青咖喱最优越的地方是可以和各种肉类相互搭配，有时与饭和面条搭配也非常美味。良好的兼容性使它能够在任何一种环境下都受到欢迎，这也是它有别于普通咖喱的特点。

外观·休憩时间

偶尔的放松也是必不可少的，这一点希望你能记住。

界限突破·宴

SR

椒盐皮皮虾

类型：小吃

发源地：中国

诞生时期：不详

性格：沉闷

身高：180cm

简介：坚硬的甲壳保护着皮皮虾，却也吸引着人们不断地挑战它。在火油中翻滚过的皮皮虾外酥里嫩，白里透红的外表与浓郁的香味都让人满口生津，胃口大开。

外观·闲人勿进

哥哥说，现在，任何人都不能进入这里。

要和我一起见证这个世界的终结吗？

自从第一次见到他，他便总是在火焰之中，也许，他是想要将什么东西焚尽吧。

但是……有话好好说，不要脱衣服。

界限突破·宴

SP

麻辣小龙虾

类型： 小吃

发源地： 中国

诞生时期： 20 世纪

性格： 霸道

身高： 182cm

简介： 麻辣小龙虾的麻辣鲜香与他的一身红衣相得益彰，霸道地占据着你的唇舌。扑鼻的香气不断刺激着你的嗅觉，光是那香辣的气味都足以让人垂涎三尺，欲罢不能。

外观·胜利之姿

干吗这么意外，我成为胜利者不是理所当然的吗？

时光回廊

米饭

外观·海滩烧烤

御侍大人，这是刚烤熟的，吃的时候要小心些。

对了，刚刚小笼包说这个搭配章鱼的墨汁会更好吃，您要试试吗？

草莓大福

外观·简单的幸福

已经是早上了吗？
嗯，有甜甜的味道……
哇，御侍大人给我做了甜点吗？
大福觉得超——幸福！

爆米花

外观·匆忙邀约

等我送完这单外卖，要和我一起去电影院约会吗？

M

布丁

外观·假日警司

即使是在举国欢庆的节假日，巡查执法也不能有半点松懈。

外观·临时值日生

假期前夕是赚钱的最好时机！
替别人值日什么的，真是个好主意啊！

烧饼

外观·难逃命运

嗯，账单怎么这么长？
让我看看……
我……我明天还是出门找老板做生意去吧！

R

小笼包

外观·海滩烧烤

御侍大人，这次我又发现了一种新茶！
您不喝吗？您出现了和蟹黄小笼包一样的表情呢……

R

咖啡

外观·闲暇时光

最近咖啡屋的收入比以前更多了，是因为巧克力来得太频繁了吗？

R

可丽饼

外观·海边假日

你问本小姐在做什么？
呵呵，当然是在享受假日啦！

R

粽子

外观·旌旗临舟

龙舟之会，画船云合，既然身负重任，我定不负所托。

R

樱饼

外观·山樱行旅

又是一年花季，风送来了樱花的声音。
御侍大人您听，她们在邀请我们去赏花呢。

外观·烈夏恋歌

御侍大人，看着我吧！
你的眼里心里永远——都只能有我呀！

R

椰浆饭

R

牛奶

外观·恶魔之主

不欲冒犯，进退由我；不欲操控，喜怒由我。

天妇罗

外观·福鼓祭礼

哈哈！男人就是要举办欢乐的祭典！
这次一定要让味噌汤感受到男人的浪漫！

凉虾

外观·馨语心愿

马上就到属于妈妈的节日了。
也不知道妈妈会不会喜欢这朵康乃馨呢。
好想看到妈妈开心的笑容呀。

酒酿圆子

外观·伊始的陪伴

御侍大人，您在找我吗？

偶尔也希望像这样，和御侍大人一起出去走走……可以吗？

R

味噌汤

外观·浮梦海棠

身侧是美人与佳肴，而没有那个肌肉笨蛋，此等生活真是惬意啊。

外观·初次的尝试

嗯，你是要我再戴一个？

这……好吧，既然是你说的，那就再加一个吧。

R

黄酒

SR

红茶

外观·细嗅蔷薇

御侍，我明白，完成任务需要勇敢果决的同时还需要细腻的内心，我会努力……

欸，只是想和我一起？这次……不是任务吗？

SR

酸奶

外观·良师益友

嗯，你问我在做什么吗？我在准备上课的资料，要让大家了解更多健康生活的常识才行呢！

SR

法式蜗牛

外观·安心时光

太好了，你回来了。
这次我没有睡着，终于可以和你说一声，欢迎……回来……呼噜……

SR

双黄莲蓉月饼

外观·桂月玉兔

啦啦啦，御侍大人，小玉兔来帮你捣药啦！
哎呀！好像不小心把金币捣碎了，扑哧。

SR

芒果布丁

外观·夏日海滩

啊，大家都在看着我呢。
果然，无论在哪里，我都是最耀眼的存在啊！

SR

寿司

外观·假日女仆

欢迎光临红叶小馆，此次将由我来为您服务。希望您能度过一个愉快的假期。

伏特加

外观·誓约之舞

这是只有安德烈才见过的舞蹈，现在我为你呈献。

SR

牛排

外观·梦圆时分

与玫瑰花瓣和甜美的巧克力最为相配的，当然不是剑，而是你的笑容。

SR

汤圆

外观·乐舞狮

御侍大人，御侍大人，快来看！汤圆可以让球飞得这么高呢！

SR

拿破仑蛋糕

外观·甜点时光

『对于我而言，等待的时间也是甜点美味的一部分。』思考着该如何偷葡式蛋挞的他如此说道。

SR

秋刀鱼

外观·祭海舞天

剑舞九天，请神与共。
哪怕一次也好，多希望神能听到我的夙愿。

外观·意想之外

寿喜锅为什么给我这个呢？里面有章鱼，都不知道怎么下口才好……

咦——居……居然还是活的？

SR

寿喜锅

外观·樱信风

嗯，你问我在看什么？
呵呵，有花瓣落在你头顶了，很可爱。

外观·甜蜜陷阱

御侍大人，要来尝一口吗？
是甜的呢。呵呵……
别担心，这份和秋刀鱼的可不一样呢！

外观·惊雷之日

还以为是小馄饨他们又做了什么让人操心的事，原来是春雷吗？

SR

龟苓膏

外观·春蝶令

春花灼灼，蝶羽翩翩，君子有酒不知醉。

SR

叫花鸡

外观·少年游

好花不常开，好景不常在……
御侍和我一起坐下来唠唠嗑怎么样？

SR

意大利面

外观·虚伪假面

既然身处黑夜就不该惧怕黑暗。主人，请随我一同前行吧！

葡式蛋挞

外观·甜点梦愿

『吃甜点吗？我做多了，这一盒送你吧。』

——这是来自拿破仑蛋糕的妄想。

SR

乌云托月

外观·暗影灯莲

再一次，千百次，我都会为你祈愿，即便最后只剩我一人……

SR

咸豆花

外观·疯狂马戏团

期待接下来的表演吗？
别担心，就算看起来有点疼，你和哥哥也一定会喜欢的！

SR

小馄饨

外观·花开堪折

嘘！莫要被发现了。这院里刚开的花，龟苓膏可宝贝着呢，若是他见着，又该唠叨了。

SR

西湖醋鱼

外观·鹊月微芒

分离断肠……月下鹊渡几里川江？夜里耀起星点灯芒，针织线引，牵孤影成双。

SR

猫饭

外观·心的归途

这列列车会开往哪里，吾辈并不清楚。但是，吾辈知道自己渴望着回去的地方。

SR

腊八粥

外观·玩偶公主

欸，您说我这样穿很可爱？

呃……那个……谢……谢谢！

嗯，这个玩偶好凶，要不要换一个？

外观·温暖陪伴

嗯，我睡着了吗？
御侍大人总会为我读睡前故事，真是个温柔的人呢。

SR

凤梨酥

SR

鸡蛋仔

外观·七彩之愿

这朵康乃馨不同的颜色都代表着我不同的祝愿。送给她的话，她会不会对我露出笑容呢？

蟹黄小笼包

外观·深海征服

御侍你看，我捕到好大一条鱼！
啊！对了，我也得拿给小笼包看看去！

UR

冰淇淋双球

外观·双生兔戏法

『草莓，我们一起努力给大家送上最梦幻的魔术表演吧！』

『嗯。』

外观·暗夜双子星

『草莓，再靠过来一点，这样可以拼出爱心呢！』
『这样吗？』

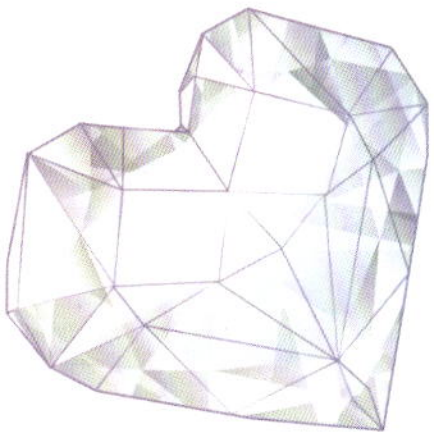

UR

北京烤鸭

外观·绅士特工

潜入危机四伏的敌方阵地时，总需要一身轻便的战衣。但是无论如何，都不能失去一个绅士的风度。

B-52鸡尾酒

外观·机械风暴

车速一百迈，转速两千五百转……
这风，很自由，就像卷起了风暴。

UR

庐山云雾

外观·素羽之鹤

看那鹤群披霜冒露，想来是在迁徙途中。但有彼此相伴，也不孤寂。

UR

水信玄饼

外观 · 风拂樱雪

樱花开了呢，又多了些许期待……
你说，明天它会是什么样子呢？

场景篇
Scenarios

久远海域

皇都

未知海路

皇都·夜

远岸烟火

奈芙拉斯特

◆ 谧蓝海湾

◆ 迷失乐园

◆ 摩登街景

帕拉塔

◆ 明媚海滨

◆ 贫乱之地

◆ 海市蜃楼

◆ 荒芜之境

秀美郊外

伊甸之地

竹烟典当行

蘑幻村落

樱之岛

樱色之村

浴火岛

神社内部

幽静神社

月下落樱

樱之岛和风室内

奈芙拉斯特酒馆

樱之岛室内

耀之洲古风室内

皇家厨师工会

◆新年餐厅·猪年

◆新年餐厅·鼠年

◆春日主题餐厅

◆踏青主题餐厅

◆夏日主题餐厅

◆夏日泳装主题餐厅

◆秋季主题餐厅

◆圣诞节主题餐厅

童话主题餐厅

新童话主题餐厅·夜

船餐厅

居酒屋

梦幻婚礼餐厅

童趣主题餐厅

劳动节主题餐厅

中元节主题餐厅

图书在版编目（CIP）数据

飨：食之契约三周年设定集/上海番糖网络科技有限公司编著.——长沙：湖南美术出版社，2021.1
ISBN 978-7-5356-9367-9

Ⅰ.①飨… Ⅱ.①上… Ⅲ.①网络游戏—画册 Ⅳ.①G898.3-64

中国版本图书馆CIP数据核字(2020)第244366号

食之契约 三周年设定集
XIANG: SHI ZHI QIYUE SAN ZHOUNIAN SHEDINGJI

广州天闻角川动漫有限公司 出品
Guangzhou Tianwen Kadokawa Animation & Comics Co.,Ltd.

出 版 人　黄　啸
出 品 人　刘烜伟
编　　著　上海番糖网络科技有限公司
出　　版　湖南美术出版社（长沙市东二环一段622号）
经　　销　全国新华书店

责任编辑　易　莎
文字编辑　陈鹭虹　徐香微
美术编辑　周海珠　曾　妮
制版印刷　中华商务联合印刷（广东）有限公司
开　　本　787mm×1092mm 1/16
印　　张　12
版　　次　2021年1月第1版
印　　次　2021年1月第1次印刷
书　　号　ISBN 978-7-5356-9367-9
定　　价　99.00元

联系地址：中国广州市黄埔大道中309号 羊城创意产业园 3-07C
电话：（020）38031253　传真：（020）38031252　官方网站：http://www.gztwkadokawa.com/